Impressum
Verlag: BABADADA GmbH, Nedderfeld 112 , 22529 Hamburg
Geschäftsführer / Verlagsleitung: Harald Hof
Druck: Books on Demand GmbH, In de Tarpen 42, 22848 Norderstedt

Imprint
Publisher: BABADADA GmbH, Nedderfeld 112 , 22529 Hamburg, Germany
Managing Director / Publishing direction: Harald Hof
Print: Books on Demand GmbH, In de Tarpen 42, 22848 Norderstedt

shule
škola

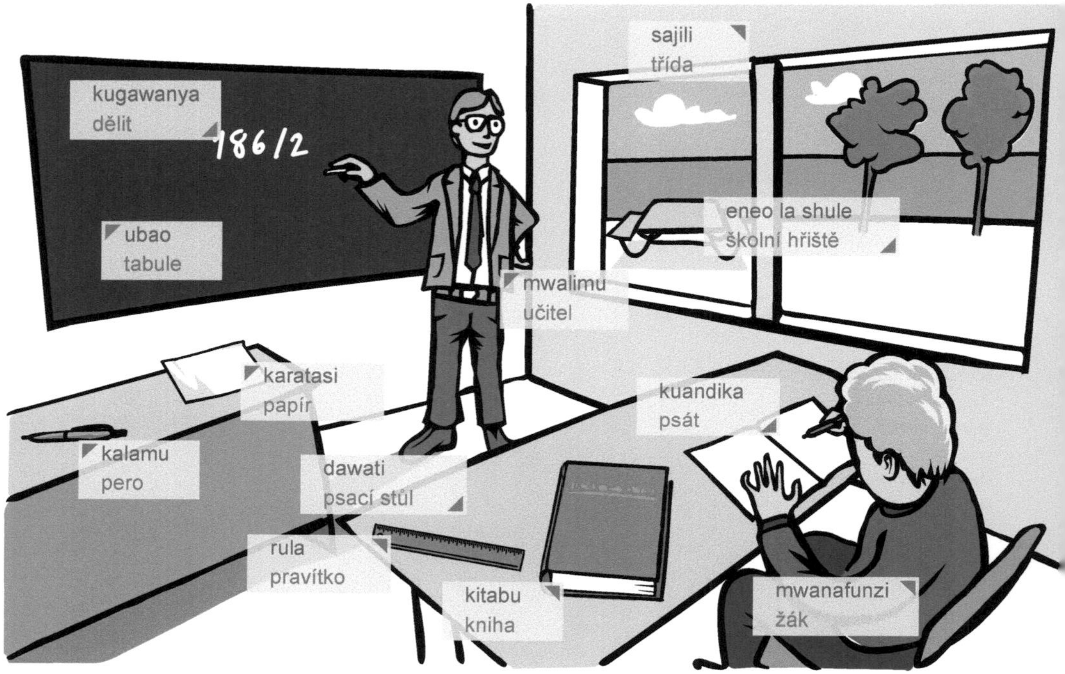
sajili
třída
kugawanya
dělit
186/2
ubao
tabule
eneo la shule
školní hřiště
mwalimu
učitel
karatasi
papír
kuandika
psát
kalamu
pero
dawati
psací stůl
rula
pravítko
kitabu
kniha
mwanafunzi
žák

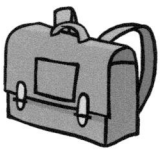

mkoba

aktovka

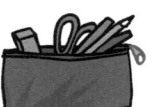

kikasha cha penseli

penál

penseli

tužka

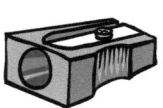

kichonga penseli

ořezávátko

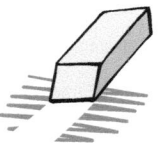

mpira

guma

pedi ya kuchora

blok na kreslení

uchoraji

výkres

brashi ya rangi

štětec

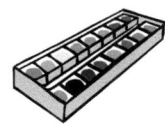

sanduku la rangi

malířské potřeby

mkasi

nůžky

gundi

lepidlo

daftari

cvičebnice

kazi ya nyumbani

domácí úkol

nambari

počet

jumlisha

sčítat

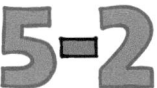

ondoa

odčítat

zidisha

násobit

kokotoa

počítat

barua

písmeno

alfabeti

abeceda

neno

slovo

maandishi

text

kusoma

číst

chaki

křída

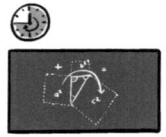

somo

hodina

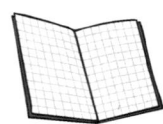

sajili

třídní kniha

uchunguzi

zkouška

cheti

vysvědčení

sare za shule

školní uniforma

elimu

vzdělání

elezo

encyklopedie

chuo kikuu

univerzita

darubini

mikroskop

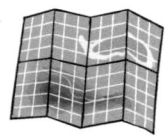

ramani

karta

kikapu cha kuweka karatasi
chafu

odpadkový koš na papír

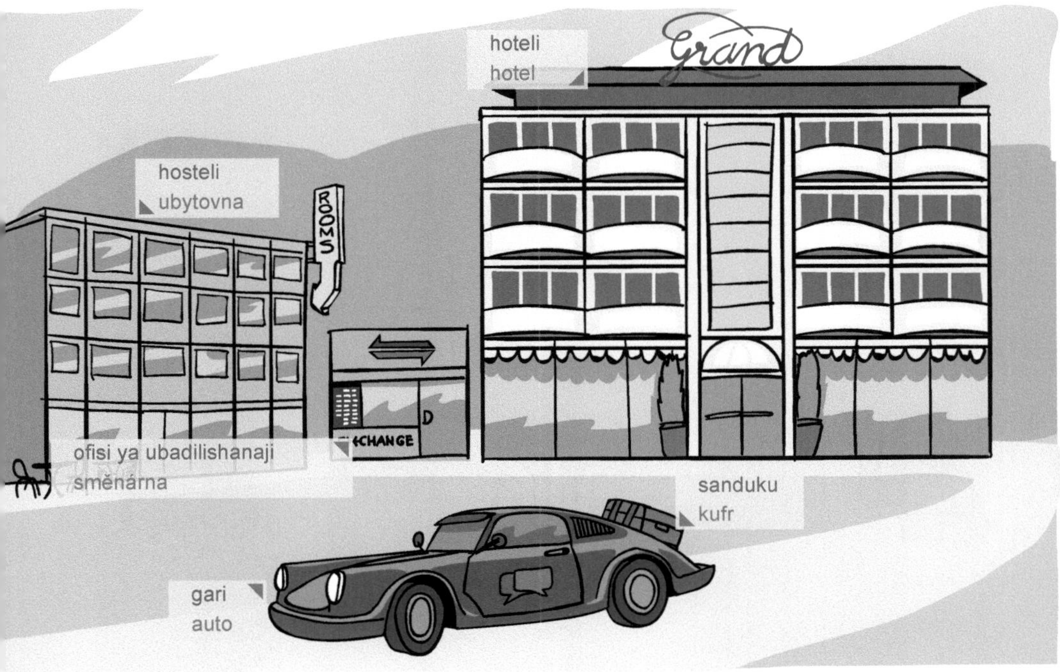

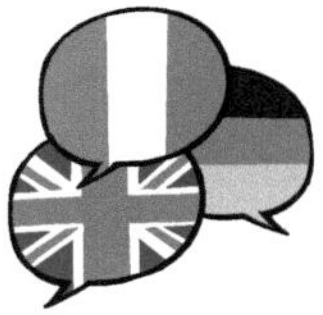

hoteli
hotel
Grand
hosteli
ubytovna
ROOMS
ofisi ya ubadilishanaji
směnárna
EXCHANGE
sanduku
kufr
gari
auto

lugha
jazyk

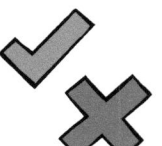

ndiyo / la
ano / ne

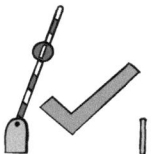

sawa
oukej

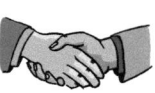

hujambo
Ahoj!

mtafsiri
překladatel

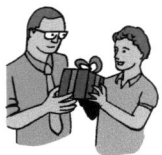

Asante
děkuji

kiasi gani ni ...?

Kolik stojí...?

Sielewi

nerozumím

tatizo

problém

Jioni njema!

Dobrý večer!

Habari za asubuhi!

Dobré ráno!

Usiku mwema!

Dobrou noc!

kwa heri

na shledanou

mwelekeo

směr

mizigo

zavazadlo

mfuko

taška

shanta

batoh

mgeni

host

chumba

pokoj

begi la kulalia

spací pytel

hema

stan

taarifa ya utalii

turistické informace

ufuo

pláž

kadi

kreditní karta

kifunguakinywa

snídaně

chakula cha mchana

oběd

chakula cha jioni

večeře

tiketi

jízdenka

kuinua

výtah

muhuri

poštovní známka

mpaka

hranice

mila

clo

ubalozi

poselství

visa

vízum

pasipoti

pas

usafiri
transport

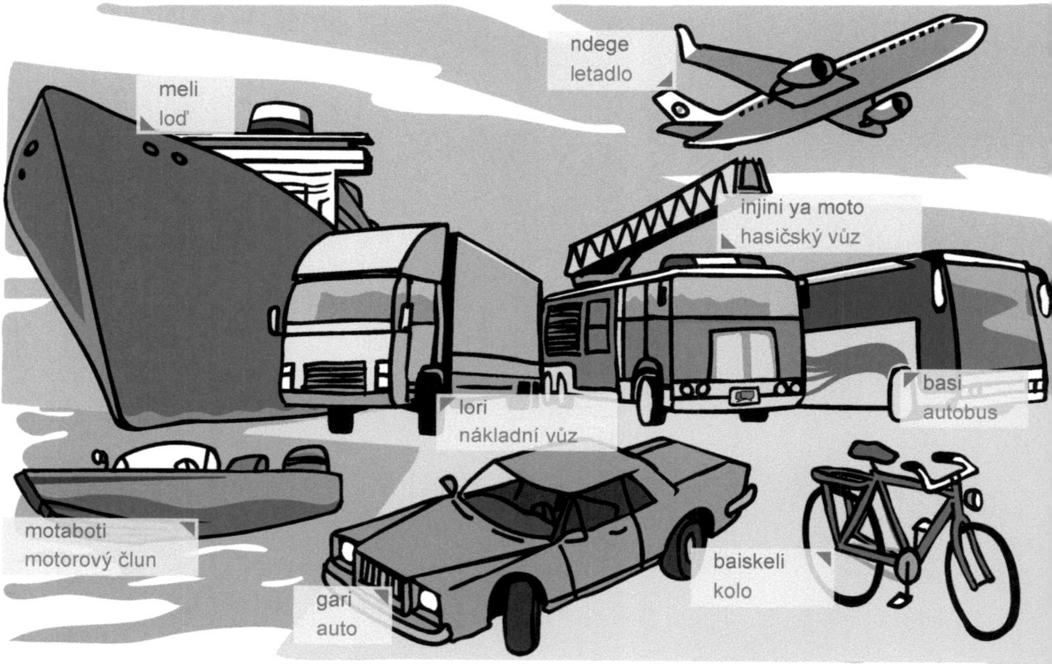
ndege
letadlo
meli
loď
injini ya moto
hasičský vůz
basi
autobus
lori
nákladní vůz
motaboti
motorový člun
baiskeli
kolo
gari
auto

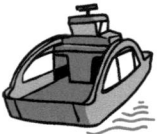

feri

přívoz

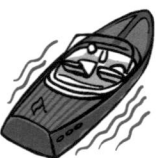

mashua

člun

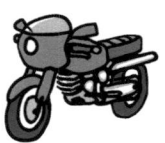

pikipiki

motorka

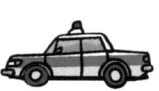

gari la polisi

policejní auto

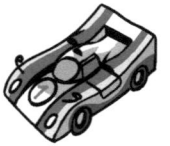

gari la mashindano

závodní auto

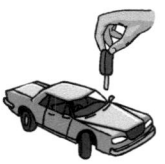

gari la kukodisha

pronajaté auto

kushiriki gari

sdílení aut

lori la kuvuta

odtahová služba

ukusanyaji taka

popelářský vůz

motor

motor

mafuta

palivo

kituo cha mafuta

čerpací stanice

ishara trafiki

dopravní značka

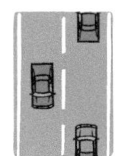

trafiki

doprava

msongamano

dopravní zácpa

maegesho

parkoviště

kituo cha treni

vlakové nádraží

reli

koleje

garimoshi

vlak

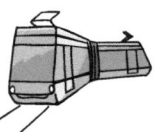

tremu

tramvaj

gari la mizigo

vagón

helikopta

helikoptéra

uwanja wa ndege

letiště

mnara

věž

abiria

pasažér

chombo

kontejner

katoni

kartón

mkokoteni

trakař

kikapu

koš

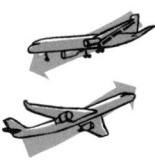

ondoka

vzlétnout / přistát

jiji

město

kijiji

vesnice

katikati ya jiji

střed města

nyumba

dům

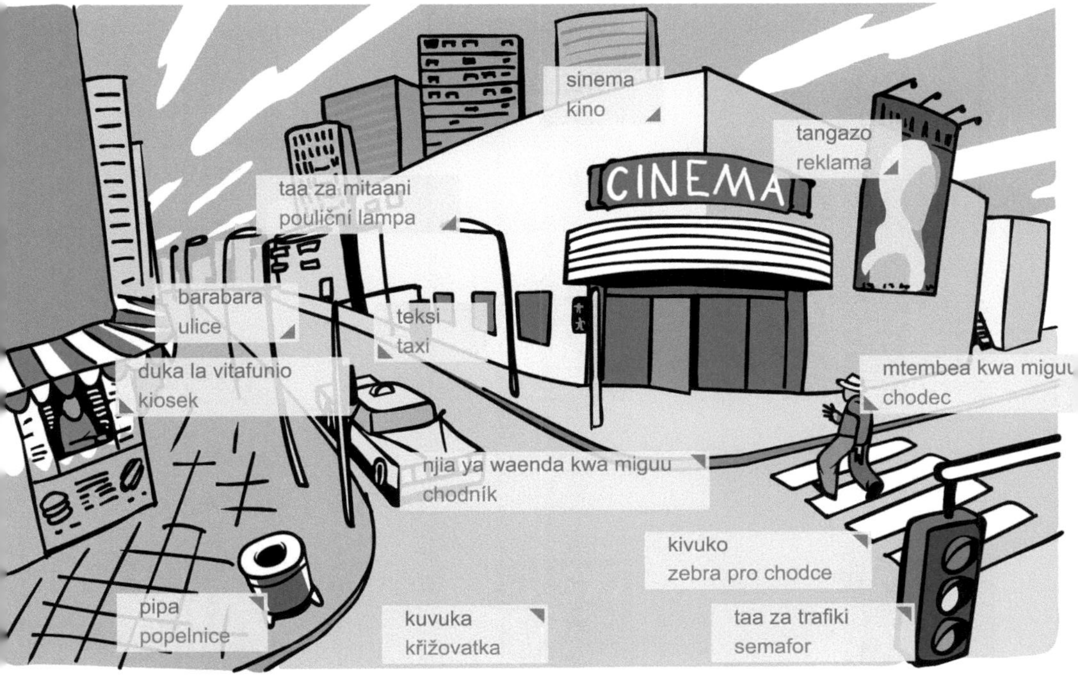

sinema
kino

tangazo
reklama

taa za mitaani
pouliční lampa

CINEMA

barabara
ulice

teksi
taxi

mtembea kwa miguu
chodec

duka la vitafunio
kiosek

njia ya waenda kwa miguu
chodník

kivuko
zebra pro chodce

pipa
popelnice

kuvuka
křižovatka

taa za trafiki
semafor

kibanda
chata

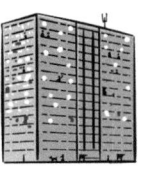

gorofa
byt

kituo cha treni
vlakové nádraží

ukumbi wa mji
radnice

Makavazi
muzeum

shule
škola

jiji - město

chuo kikuu

univerzita

benki

banka

hospitali

nemocnice

hoteli

hotel

duka la dawa

lékárna

ofisi

kancelář

duka la kitabu

knihkupectví

duka

obchod

duka la maua

květinářství

dukakuu

supermarket

soko

tržnice

idara ya kuhifadhi

obchodní dům

mwuza samaki

rybárna

kituo cha ununuzi

nákupní centrum

bandari

přístav

Hifadhi

park

benki

lavička

daraja

most

vidato

schody

chini ya ardhi

metro

handaki

tunel

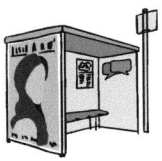

kituo cha mabasi

autobusová zastávka

bar

bar

mgahawa

restaurace

sanduku la posta

poštovní schránka

ishara ya barabara

pouliční tabule

mita ya maegesho

parkovací hodiny

bustani ya wanyama

zoo

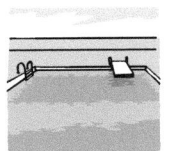

kidimbwi cha kuogelea

plovárna

msikiti

mešita

shamba

usedlost

uchafuzi

znečišťování životního prostředí

makaburini

hřbitov

kanisa

církev

uwanja wa michezo

hřiště

hekalu

chrám

mazingira
krajina

jani
list

ishara ya mwelekeo
rozcestník

njia
cesta

malisho
louka

jiwe
kámen

mtembeaji wa masafa
turista

mti
strom

mto
řeka

nyasi
tráva

ua
květina

bonde

údolí

kilima

hora

ziwa

jezero

msitu

les

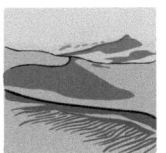

jangwa

poušť

volkano

sopka

ngome

zámek

upinde wa mvua

duha

uyoga

houba

mtende

palma

mbu

komár

kuruka

moucha

chungu

mravenec

nyuki

včela

buibui

pavouk

mende

brouk

chura

žába

kuchakuro

veverka

nungunungu

ježek

sungura

zajíc

bundi

sova

ndege

pták

swan

labuť

nguruwe mwitu

divoké prase

kulungu

jelen

aina ya kongoni

los

bwawa

přehrada

tabo ya upepo

větrné kolo

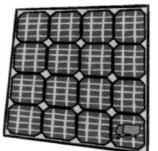

nishaji ya jua

solární panel

hali ya hewa

podnebí

mhudumu
číšník

menyu
jídelní lístek

kiti
židle

supu
polévka

piza
pizza

kitambaa cha mezani
ubrus

vilia
příbor

kiamsha hamu
předkrm

kozi kuu
hlavní chod

kitindamlo
dezert

vinywaji
nápoje

chakula
jídlo

chupa
láhev

chakula cha haraka

rychlé občerstvení

Streetfood

pouliční občerstvení

buli

čajová konvice

kisanduku cha sukari

cukřenka

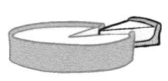

sehemu

porce

mashine ya espresso

kávovar na espresso

kiti kirefu

dětská stolička

muswada

faktura

trei

tác

kisu

nůž

uma

vidlička

kijiko

lžíce

kijiko cha chai

čajová lyžička

nepi

ubrousek

glasi

sklenička

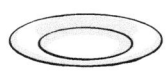

sahani

talíř

sahani ya supu

talíř na polévku

sufuria

podšálek

mchuzi

omáčka

kichanyaji chumvi

slánka

kinu cha pilipili

mlýnek na pepř

siki

ocet

mafuta

olej

viungo

koření

kechapu

kečup

haradali

hořčice

kachumbari nzito

majonéza

dukakuu
supermarket

ofa maalum
nabídka
FOR
mteja
zákazník
maziwa
mléčné výrobky
matunda
ovoce
toroli
nákupní vozík

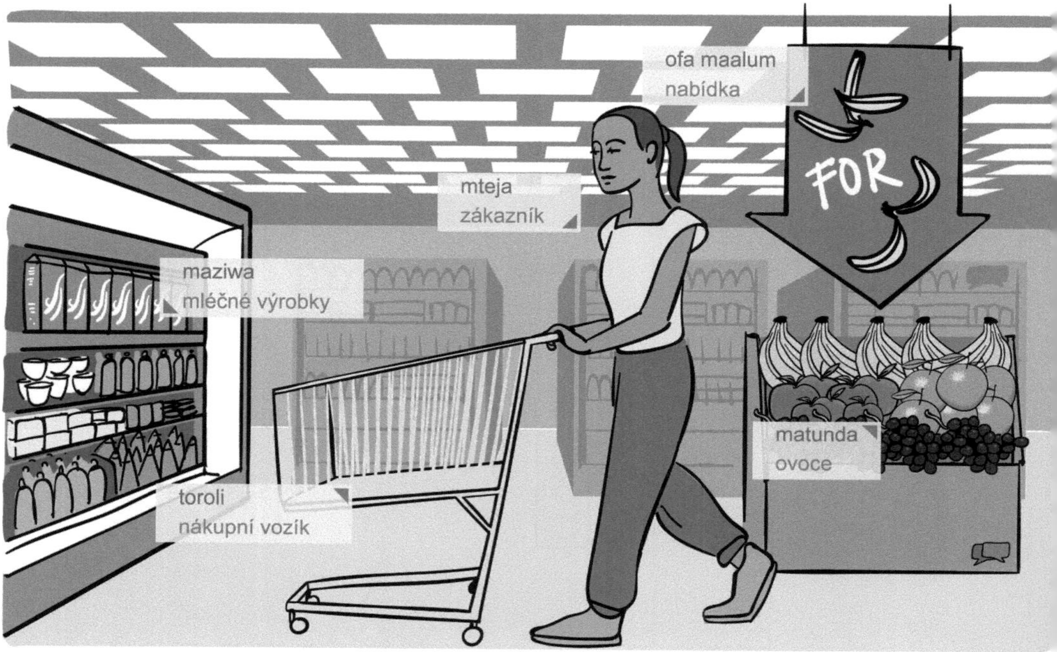

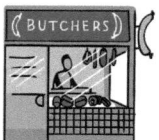

BUTCHERS

mchinjaji

masna

BAKERY

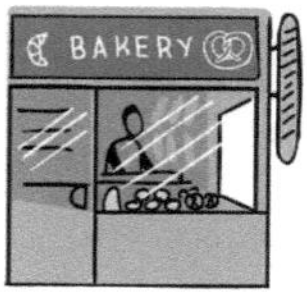

mwokaji

pekařství

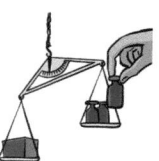

uzito

vážit

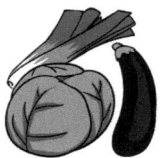

mboga

zelenina

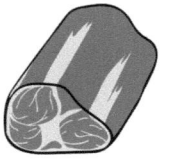

nyama

maso

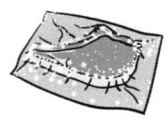

chakula waliohifadhiwa

mražené potraviny

vipande vya nyama baridi

obložený talíř

chakula cha kopo

konzervy

sabuni ya unga

prací prášek

pipi

cukrovinky

bidhaa za kaya

výrobky pro domácnost

bidhaa za kusafisha

čisticí prostředek

mtu mauzo

prodavačka

mpaka

pokladna

keshia

pokladní

orodha ya manunuzi

nákupní seznam

masaa ya ufunguzi

otevírací doba

mkoba

peněženka

kadi

kreditní karta

mfuko

taška

mfuko wa plastiki

igelitová taška

maji

voda

sharubati

džus

maziwa

mléko

coke

kola

mvinyo

víno

bia

pivo

pombe

alkohol

kakao

kakao

chai

čaj

kahawa

káva

spreso

espresso

kapuchino

kapučíno

ndizi

banán

tufaha

jablko

machungwa

pomeranč

tikiti

meloun

lemon

citrón

karoti

mrkev

kitunguu saumu

česnek

mianzi

bambus

kitunguu

cibule

uyoga

houba

karanga

ořechy

nudo

těstoviny

spageti

špageti

mpunga

rýže

saladi

salát

vibanzi

hranolky

viazi vya kukaanga

americké brambory

piza

pizza

hambaga

hamburger

sandwichi

sendvič

kipande

řízek

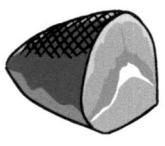

paja la mnyama

šunka

salami

salám

soseji

salám

kuku

kuře

choma

pečeně

samaki

ryby

oats ya uji

ovesné vločky

muesli

müsli

cornflakes

vločky

unga

mouka

kroisanti

croissant

andazi

houska

mkate

chléb

mkate wa kubanika

toast

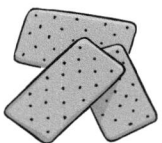

biskuti

sušenky

siagi

máslo

maziwa mgando

tvaroh

keki

buchta

yai

vejce

yai kukaanga

volské oko

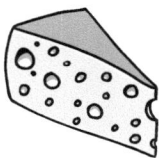

jibini

sýr

chakula - jídlo

aiskrimu

zmrzlina

sukari

cukr

asali

med

jemu

marmeláda

kuenea kwa chokoleti

nugátový krém

mchuzi wa viungo

kari

shamba
usedlost

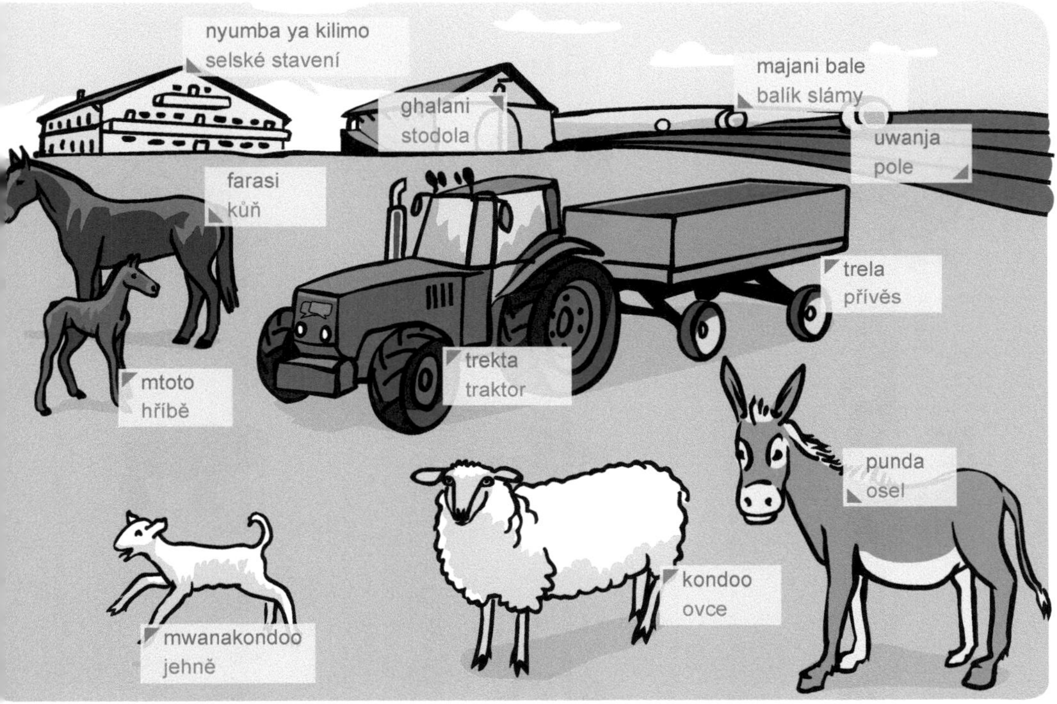
nyumba ya kilimo
selské stavení
ghalani
stodola
majani bale
balík slámy
uwanja
pole
farasi
kůň
trela
přívěs
mtoto
hříbě
trekta
traktor
punda
osel
kondoo
ovce
mwanakondoo
jehně

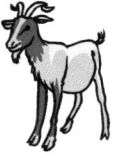

mbuzi
koza

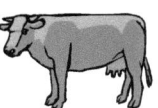

ng'ombe
kráva

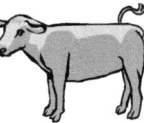

ndama
tele

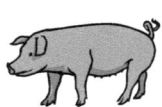

nguruwe
prase

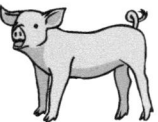

mwananguruwe
sele

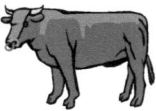

fahali
býk

batabukini

husa

bata

kachna

kifaranga

kuře

kuku

slepice

jogoo

kohout

panya

krysa

paka

kočka

panya

myš

ng'ombe

vůl

mbwa

pes

nyumba ya mbwa

psí bouda

bomba la bustani

zahradní hadice

debe la kumwagilia maji

kropicí konev

fyekeo

kosa

kulima

pluh

mundu

srp

jembe

motyka

uma wa nyasi

vidle

shoka

sekera

toroli

kolecko

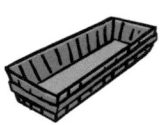

kupitia nyimbo

koryto

chombo cha maziwa

konev na mléko

gunia

pytel

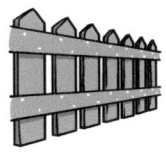

ua

plot

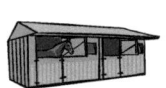

imara

stáj

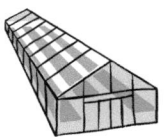

chafu

skleník

udongo

půda

mbegu

osivo

mbolea

hnojivo

kivunaji

kombajn

mavuno

sklidit

mavuno

sklizeň

viazi vikuu

smldinec

ngano

pšenice

soya

sója

viazi

brambora

mahindi

kukuřice

rapa

řepka

mti wa matunda

ovocný strom

muhogo

maniok

nafaka

obilí

nyumba
dům

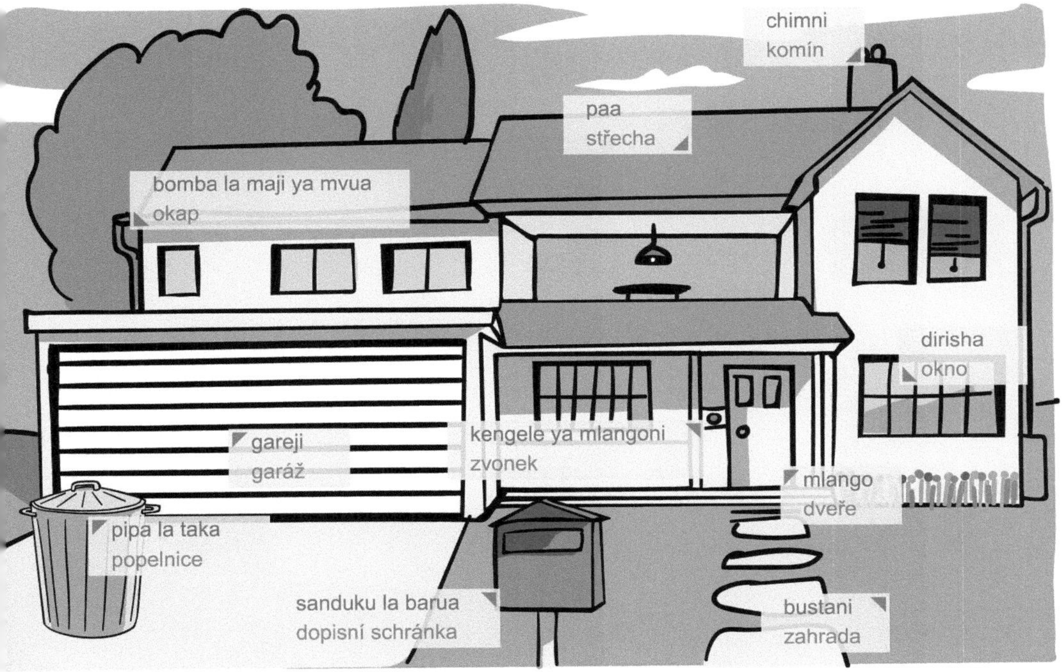
chimni
komín
paa
střecha
bomba la maji ya mvua
okap
dirisha
okno
gareji
garáž
kengele ya mlangoni
zvonek
mlango
dveře
pipa la taka
popelnice
sanduku la barua
dopisní schránka
bustani
zahrada

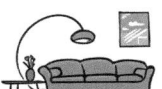

sebuleni

obývací pokoj

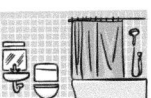

bafu

koupelna

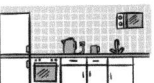

jikoni

kuchyně

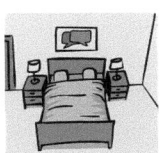

chumba cha kulala

ložnice

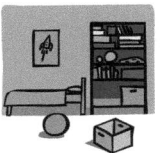

chumba ya mtoto

dětský pokoj

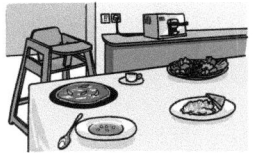

chumba cha kulia

jídelna

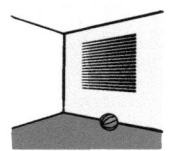

sakafu

podlaha

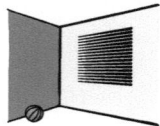

ukuta

zeď

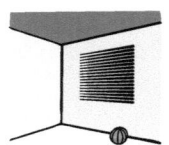

dari

deka

pishi

sklep

sauna

sauna

roshani

balkón

mtaro

terasa

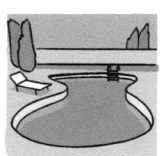

kidimbwi

bazén

mashine ya kukata nyasi

sekačka na trávu

karatasi

ložní prádlo

kitambaa cha kupamba
kitanda

lůžková přikrývka

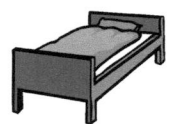

kitanda

postel

ufagio

smeták

ndoo

kýbl

kubadili

vypínač

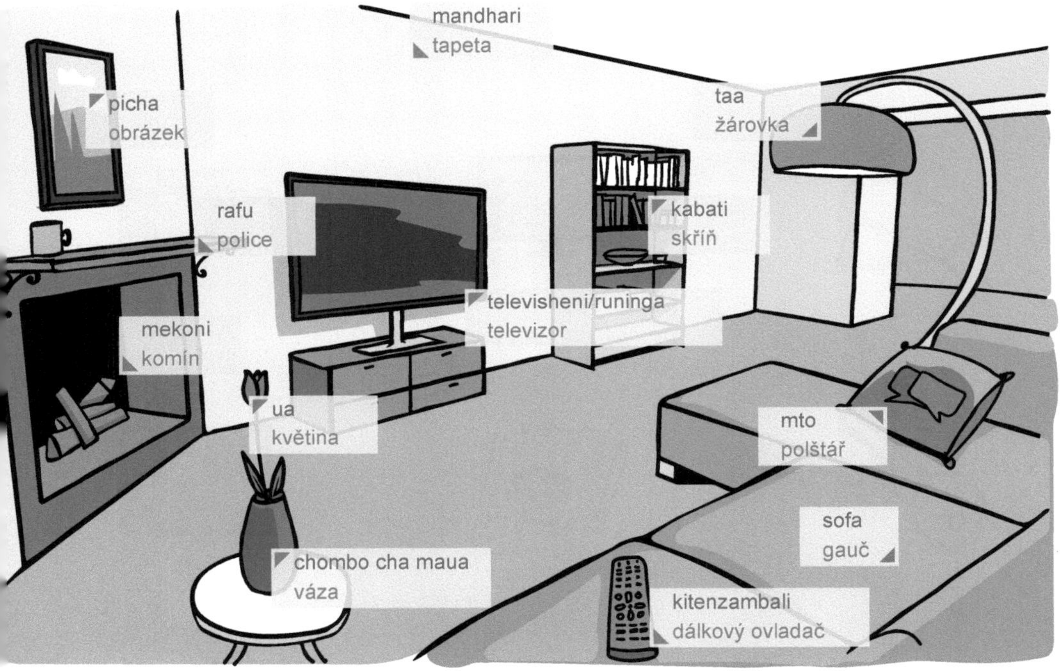

mandhari
tapeta

picha
obrázek

taa
žárovka

rafu
police

kabati
skříň

mekoni
komín

televisheni/runinga
televizor

ua
květina

mto
polštář

sofa
gauč

chombo cha maua
váza

kitenzambali
dálkový ovladač

zulia
koberec

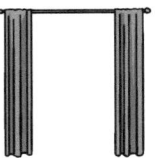

pazia
závěs

meza
stůl

kiti
židle

kiti cha bembea
houpací křeslo

armchair
křeslo

kitabu

kniha

blanketi

strop

mapambo

ozdoba

kuni

palivové dříví

filamu

film

kifaa cha hi-fi

stereo souprava

ufunguo

klíč

gazeti

noviny

uchoraji

malba

bango

plakát

redio

rádio

daftari

poznámkový blok

kifyonza

vysavač

dungusi kakati

kaktus

mshumaa

svíce

jikoni
kuchyně

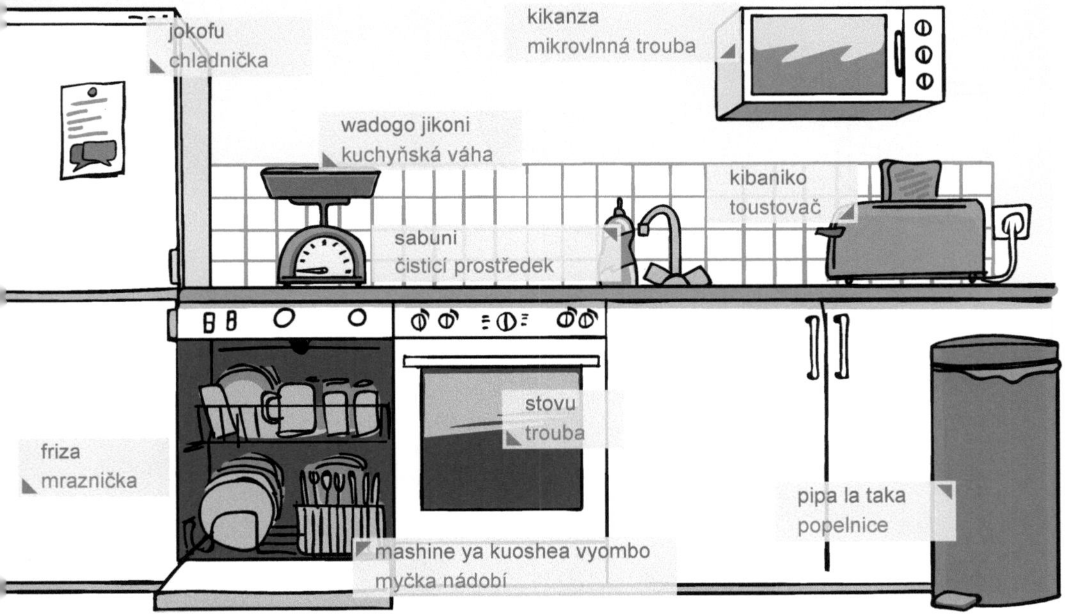
jokofu
chladnička
kikanza
mikrovlnná trouba
wadogo jikoni
kuchyňská váha
kibaniko
toustovač
sabuni
čisticí prostředek
stovu
trouba
friza
mraznička
pipa la taka
popelnice
mashine ya kuoshea vyombo
myčka nádobí

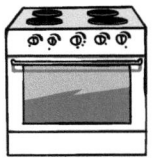

jiko la kupika

sporák

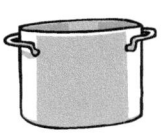

chungu

hrnec

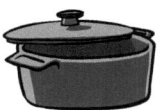

sufuria ya chuma

litinový hrnec

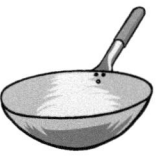

wok / kadai

wok / kadai

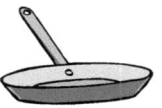

kaango

pánev

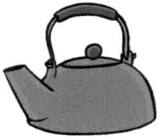

birika

varná konvice

stima

parní hrnec

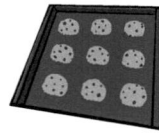

sinia ya kuoka

plech na pečení

vyombo vya udongo

nádobí

kombe

hrnek

bakuli

miska

vijiti vya kulia

jídelní hůlky

ukawa

naběračka

mwiko mpana

obracečka

burashi

metla

kichujio

síto

chujio

cedník

mbuzi

struhadlo

chokaa

hmoždíř

barbeque

gril

moto wazi

ohniště

ubao wa majaribio

prkénko na krájení

kijiti cha kusukuma unga

váleček na těsto

kizibuo

vývrtka

kopo

dóza

inaweza kopo

otvírák na konzervy

kishikio cha chungu

chňapka

karo

umyvadlo

brashi

kartáč na nádobí

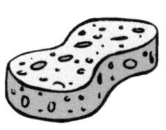

sifongo

houba

kisagaji matunda

mixér

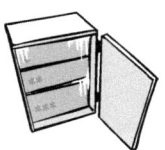

friji ya kina

mrazák

chupa ya mtoto

dětská lahev

bomba

kohoutek

jikoni - kuchyně

bafu
koupelna

joto
topení
mfereji wa kuogea
sprcha
taulo
ručník
pazia la kuogea
sprchový závěs
maji ya kuoga yenye povu
pěnová koupel
hodhi
vana
glasi
sklenička
mashine ya kuosha
pračka
bomba
kohoutek
vigae
obkladačky
poti
nočník
karo
umyvadlo

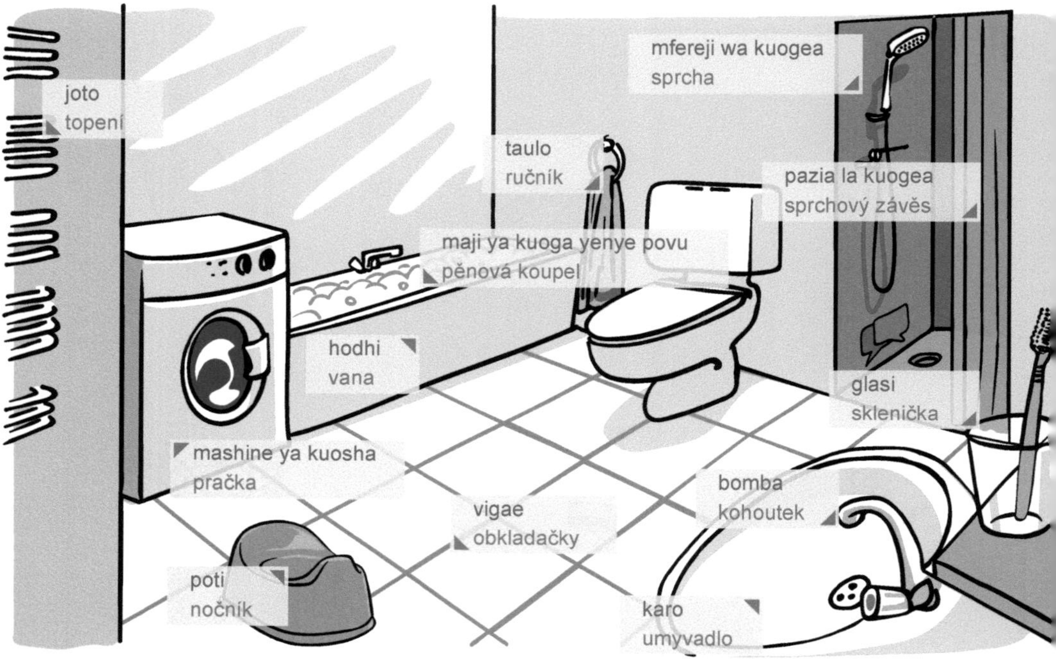

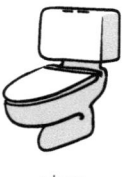

choo

záchod

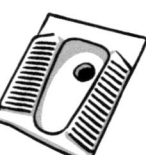

choo cha squat

turecký záchod

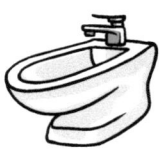

beseni la mviringo

bidet

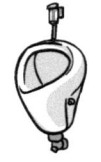

choo cha umma

pisoár

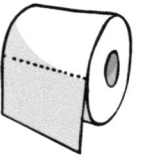

shashi

toaletní papír

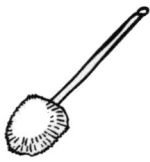

brashi ya choo

záchodová štětka

mswaki

zubní kartáček

dawa ya meno

zubní pasta

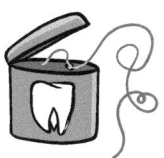

dawa ya meno

zubní niť

safisha

mýt

kuoga mkono

ruční sprcha

msukumo wa maji

intimní sprcha

bonde

umyvadlo

mpako wa pili

kartáč na záda

sabuni

mýdlo

jeli ya kuogea

sprchový gel

shampuu

šampón

flana

žínka

toa maji

odpad

krimu

krém

kiondoa harufu

deodorant

kioo

zrcadlo

kioo mkono

kosmetické zrcátko

kinyozi

holicí strojek

povu la kunyoa

pěna na holení

baada ya kunyoa

voda po holení

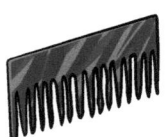

kichana

hřeben

brashi

kartáč

kikausha nywele

fén

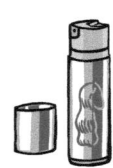

marashi ya nyewele

lak na vlasy

vipodozi

makeup

kidomwa

rtěnka

varnish ya msumari

lak na nehty

pamba

vata

mkasi wa kucha

nůžky na nehty

manukato

parfém

mkoba wa kuosha

taška s toaletními potřebami

kinyesi

stolička

mizani

váha

nguo ya kuoga

župan

glavu za mpira

gumové rukavice

kisodo

tampón

sodo

dámská vložka

kemikali choo

chemická toaleta

chumba ya mtoto
dětský pokoj

saa ya kengele
budík
kidoli cha kupakata
plyšová hračka
gari bandia
autíčko
kelele
chrastítko
chumba cha midoli
domeček pro panenky
sasa
dárek

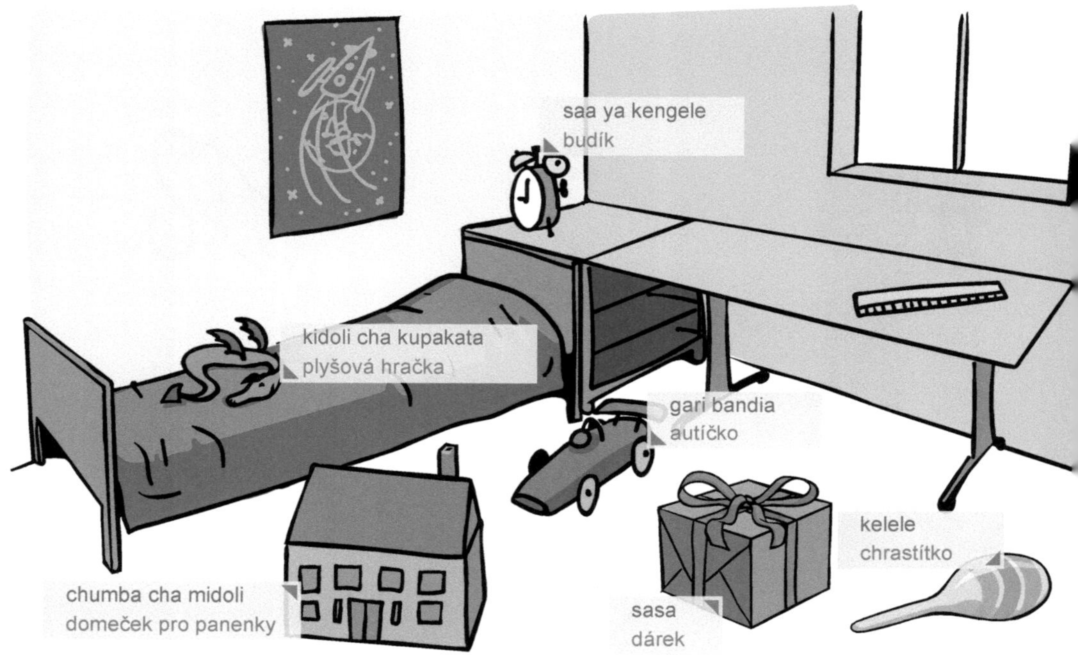

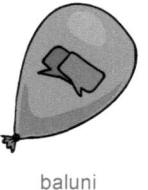

baluni

balón

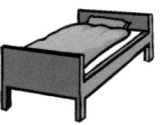

kitanda

postel

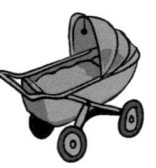

mashua

kočárek

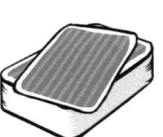

staha ya kadi

balíček karet

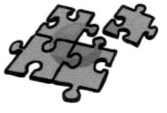

mchezo-fumb

puzzle

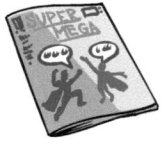

vichekesho

komiks

matofali lego
lego kostky

vitalu mwigo
stavebnice

hatua takwimu
akční figurka

suti ya kulalia
dupačky

kisahani
frisbee

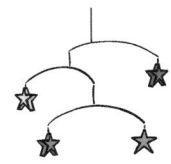

simu
závěsné hračky nad postýlku

ubao wa michezo
desková hra

kete
kostky

garimoshi mwigo
modelová železnice

dummy
dudlík

chama
oslava

picha kitabu
obrázková kniha

mpira
míč

kikaragosi
panenka

kucheza
hrát si

shimo la mchanga

pískoviště

bembea

houpačka

vitu bandia

hračky

kiweko cha video ya mchezo

hrací konzole

baiskeli ya magurudumu

tříkolka

matatu

mwanasesere

medvídek

kabati

šatník

soksi

ponožky

stokingi

punčochy

kibano

punčochové kalhoty

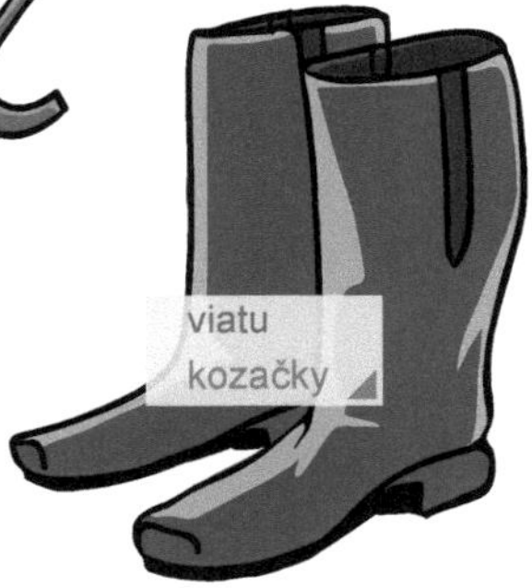

skafu
šála

ukanda
pásek

mwavuli
deštník

fulana
tričko

viatu
kozačky

wakufunzi
tenisky

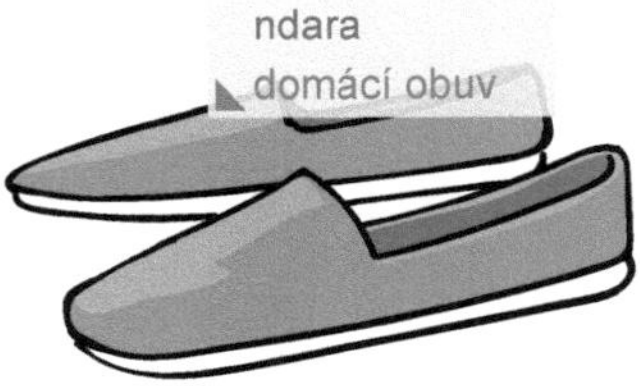

ndara
domácí obuv

malapa

sandály

viatu

obuv

mabuti ya mpira

holínky

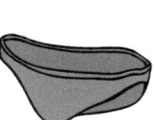

suruali ya ndani

spodní prádlo

sidiria

podprsenka

fulana

nátělník

mwili

body

suruali

kalhoty

dangirizi

džíny

sketi

sukně

blauzi

blůza

shati

košile

vuta

svetr

sweta

mikina

bleza

blejzr

jaketi

bunda

koti

kabát

koti la mvua

pláštěnka

maleba

kostým

gauni

šaty

mavazi ya harusi

svatební šaty

suti

oblek

vazi la usiku

noční košile

pajama

pyžamo

sari

sárí

skafu

šátek na hlavu

kilemba

turban

burka

burka

kaftan

kaftan

abaya

abája

vazi la kuogelea

plavky

vazi la kiume la kuogelea

pánské plavky

kaptura

kraťasy

teitei

tepláková souprava

aproni

zástěra

glavu

rukavice

kifungo

knoflík

glasi

brýle

bangili

náramek

mkufu

náhrdelník

pete

prsten

herini

náušnice

kofia

čepice

kiango cha koti

ramínko

kofia

klobouk

tai

kravata

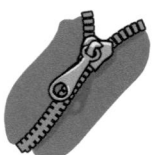

zipu

zip

kofia

helma

kanda za suruali

kšandy

sare za shule

školní uniforma

sare

uniforma

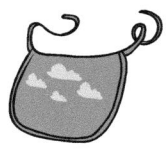

bibu

bryndák

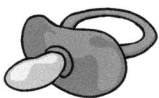

dummy

dudlík

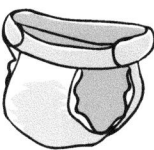

nepi

plena

ofisi
kancelář

seva
server
kabati la kuweka faili
kartotéka
kichapishaji
tiskárna
karatasi
papír
kiwambo
monitor
kipanya
myš
dawati
psací stůl
folda
šanon
kibodi
klávesnice
u cha kuweka karatasi chafu
dkový koš na papír
kompyuta
počítač
kiti
židle

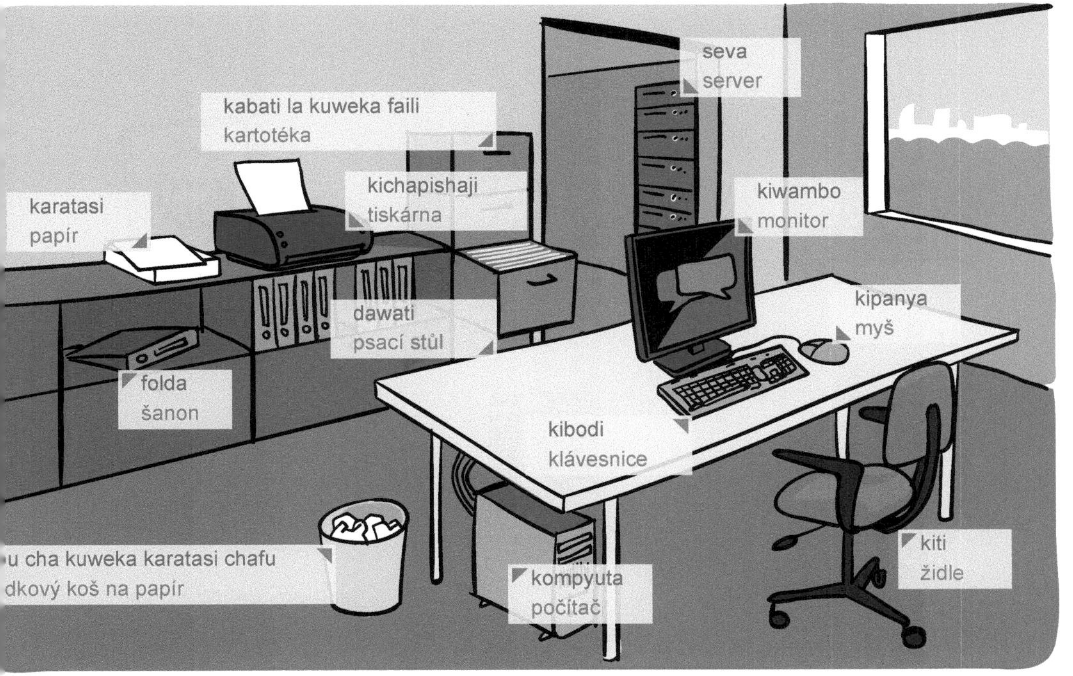

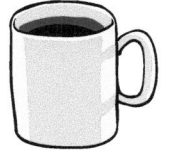

kmobe la kahawa

hrnek na kávu

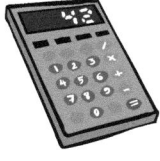

kikokotoo

kalkulačka

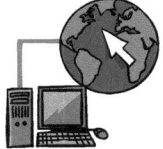

biashara

internet

mbali	barua	ujumbe
notebook	dopis	zpráva

rununu	intaneti	fotokopia
mobil	síť	kopírka

programu	simu	soketi
software	telefon	zásuvka
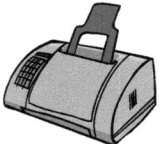	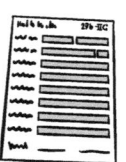	
kipepesi	fomu	hati
fax	formulář	dokument

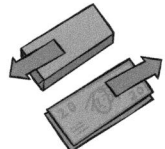

kununua

nakupovat

kulipa

zaplatit

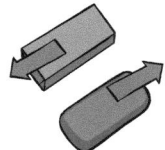

biashara

jednat

fedha

peníze

USD

dola

dolar

EUR

yuro

euro

JPY

yeni

jen

RUB

rouble

rubl

CHF

faranga ya Uswisi

frank

CNY

renminbi yuan

juan

INR

rupia

rupie

eneo la kulipia

bankomat

ofisi ya ubadilishanaji

směnárna

dhahabu

zlato

fedha

stříbro

mafuta

olej

nishati

energie

bei

cena

mkataba

smlouva

kodi

daň

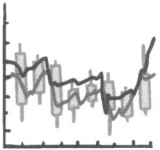

bidhaa

akcie

kazi

pracovat

mfanyakazi

zaměstnanec

mwajiri

zaměstnavatel

kiwanda

továrna

duka

obchod

kazi
povolání

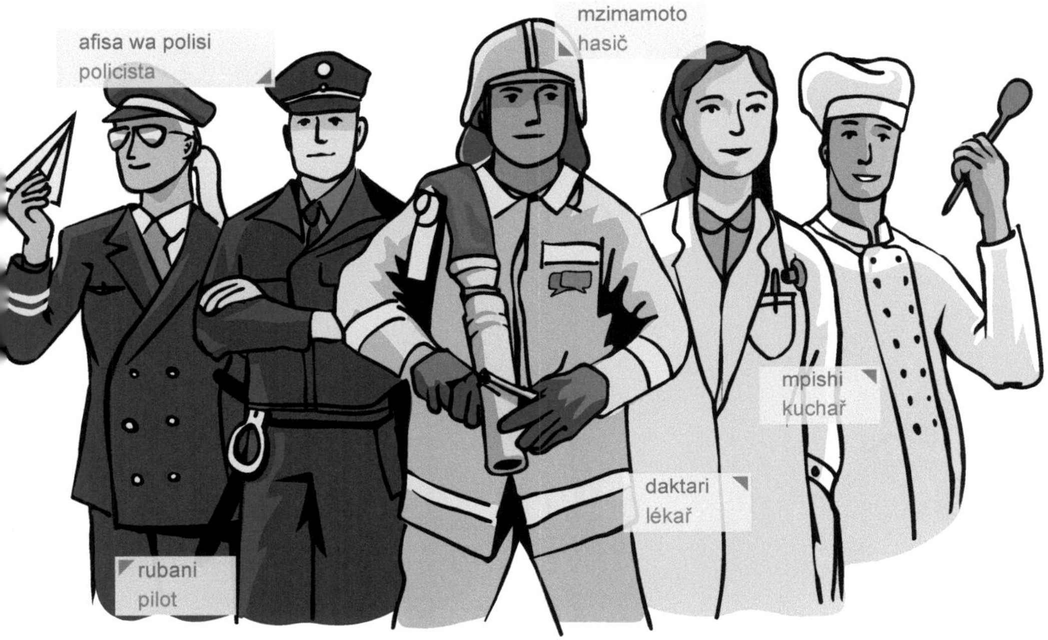
afisa wa polisi
policista
mzimamoto
hasič
mpishi
kuchař
daktari
lékař
rubani
pilot

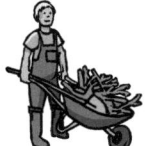

mtunza bustani

zahradník

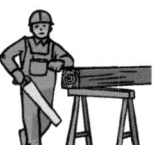

seremala

truhlář

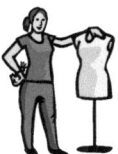

mshonaji

švadlena

hakimu

soudce

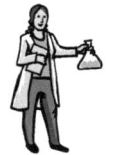

mwanakemia

chemik

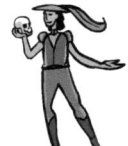

muigizaji

herec

dereva wa basi

řidič autobusu

dereva wa teksi

řidič taxi

mvuvi

rybář

mwanamke wa kusafisha

uklízečka

mwezekaji

pokrývač

mhudumu

číšník

mwindaji

myslivec

mchoraji

malíř

mwokaji

pekař

umeme

elektrikář

mjenzi

stavební dělník

mhandisi

inženýr

mchinjaji

řezník

fundi bomba

klempíř

mwanaposta

listonoš

mwanajeshi

voják

msanifu majengo

architekt

keshia

pokladní

muuza maua

florista

msusi

kadeřník

kondakta

průvodčí

mekanika

mechanik

nahodha

kapitán

daktari wa meno

zubař

mwanasayansi

vědec

rabbi

rabín

imamu

imám

mtawa

mnich

kasisi

duchovní

zana
nářadí

nyundo
kladivo
koleo
kleště
bisibisi
šroubovák
spana
klíč
kurunzi
kapesní svítilna

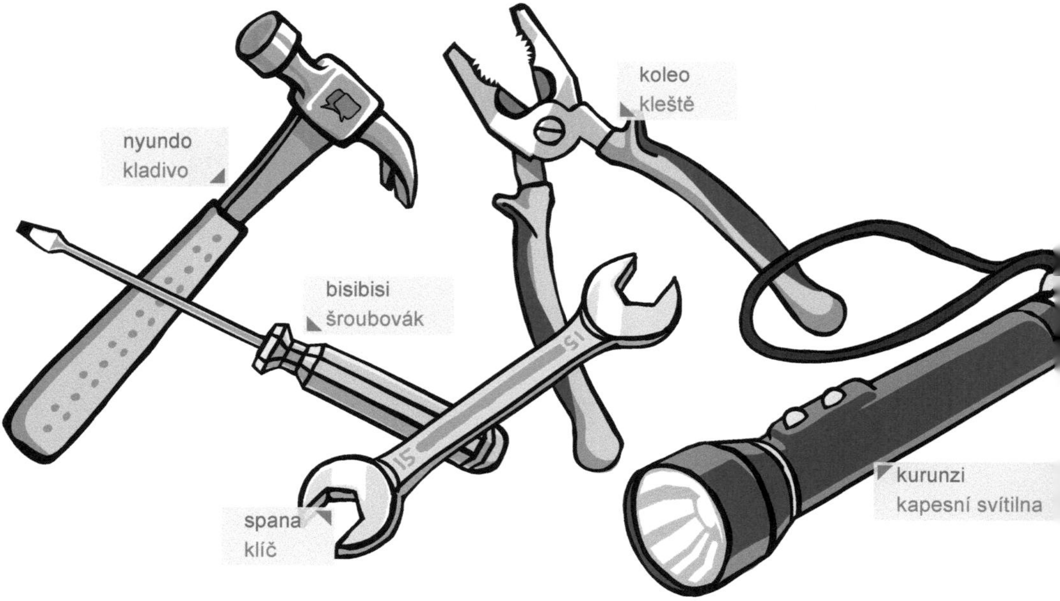

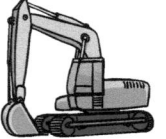

mchimbaji

bagr

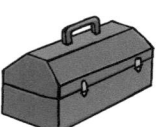

sanduku la vifaa

skříň na nářadí

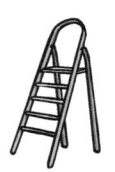

ngazi

žebřík

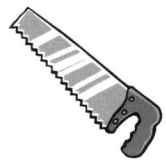

msumeno

pila

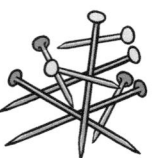

misumari

hřebíky

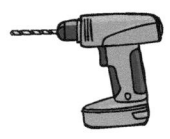

kuchimba visima

vrtačka

kukarabati
....
opravit

sepetu
....
lopata

Lo!
....
Kurva!

kishikio cha uchafu
....
lopatka

chungu cha rangi
....
vědroé na barvu

skurubu
....
šrouby

ala za muziki
hudební nástroje

mpangilio wa ngoma
bicí

spika
reproduktor

gita
kytara

besi mara mbili
kontrabas

tarumbeta
trubka

piano

klavír

fidla

housle

ubeji

basa

timpani

tympán

ngoma

bubny

kibodi

keyboard

saksafoni

saxofon

filimbi

flétna

maikrofoni

mikrofon

bustani ya wanyama

zoo

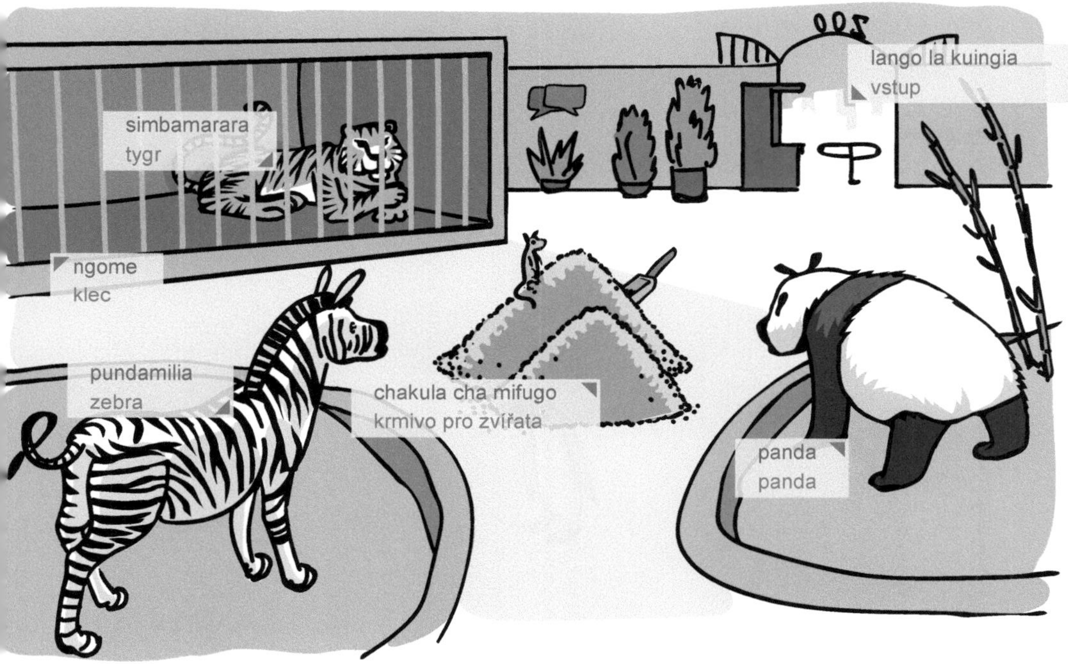

simbamarara
tygr
lango la kuingia
vstup
ngome
klec
pundamilia
zebra
chakula cha mifugo
krmivo pro zvířata
panda
panda

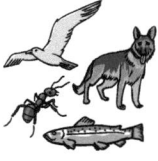

wanyama

zvířata

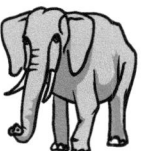

tembo

slon

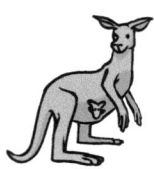

kangaruu

klokan

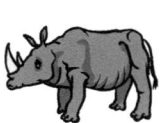

kifaru

nosorožec

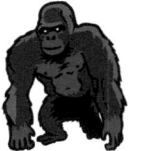

sokwe

gorila

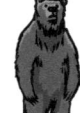

dubu

medvěd

ngamia

velbloud

mbuni

pštros

simba

lev

tumbili

opice

heroe

plameňák

kasuku

papoušek

dubu

lední medvěd

penguini

tučňák

papa

žralok

tausi

páv

nyoka

had

mamba

krokodýl

mtunza wanyama

ošetřovatel zvířat

muhuri

tuleň

jaguar

jaguár

mwanafarasi

poník

chui

leopard

kiboko

hroch

twiga

žirafa

tai

orel

nguruwe mwitu

divoké prase

samaki

ryby

kobe

želva

sili

mrož

mbweha

liška

paa

gazela

soka ya marekani
americký fotbal

uendeshaji baiskeli
cyklistika

tenisi
tenis

mpira wa kikapu
košíková

kuogelea
plavání

ndondi
box

magongo ya barafuni
lední hokej

soka

kopaná

vinyoya

badminton

riadha

lehká atletika

mpira wa mikono

házená

skii

běh na lyžích

polo

vodní pólo

shughuli
aktivity

kuruka
skočit
kumbatia
objímat
cheka
smát se
kutembea
jít
kuimba
zpívat
ota ndoto
snít
kuomba
modlit se
busu
políbit

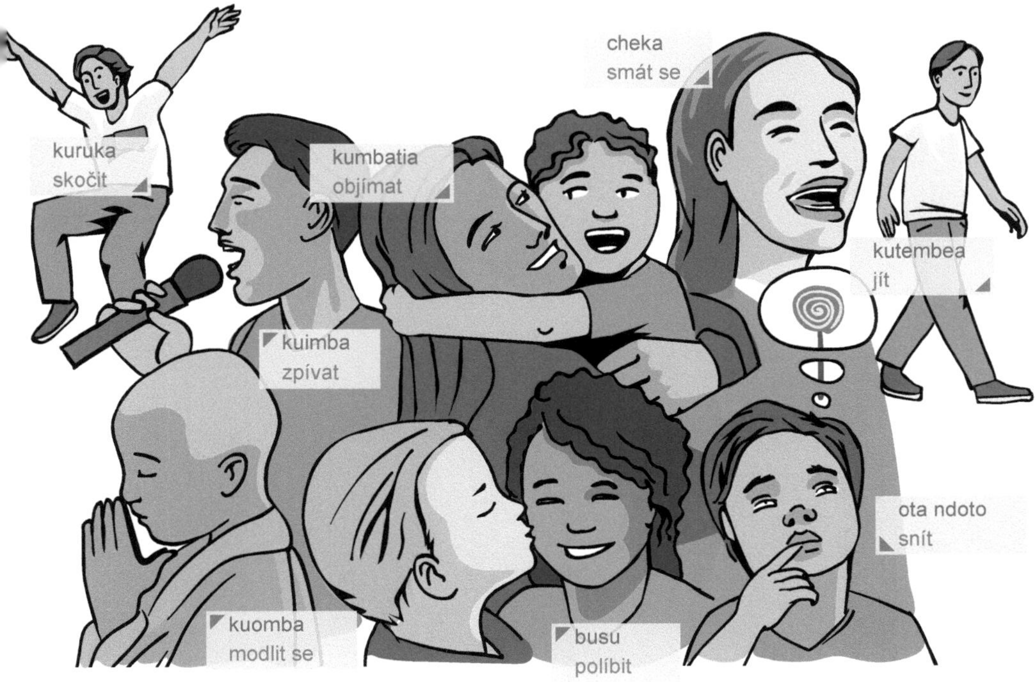

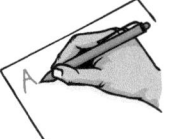

kuandika
psát

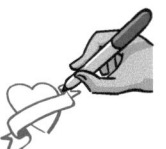

kuteka
kreslit

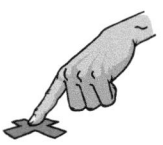

angalia
ukazovat

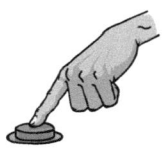

sukuma
tlačit

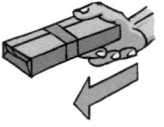

kutoa
dát

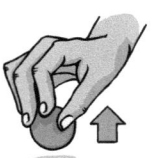

kuchukua
vzít si

kuwa

mít

fanya

dělat

kuwa

být

kusimama

stát

kukimbia

běhat

vuta

táhnout

kutupa

hodit

kuanguka

padat

hadaa

ležet

kusubiri

čekat

kubeba

nosit

kukaa

sedět

vaa nguo

oblékat

usingizi

spát

kuamka

vzbudit se

kuangalia

prohlédnout si

lia

plakat

kiharusi

pohladit

chana nywele

česat

ongea

hovořit

kuelewa

rozumět

kuuliza

ptát se

kusikiliza

slyšet

kunywa

pít

kula

jíst

nadhifisha

uklidit

upendo

milovat

mpishi

vařit

gari

jet

kuruka

letět

meli

plachtit

kokotoa

počítat

kusoma

číst

kujifunza

učit se

kazi

pracovat

kuoa

vzít si

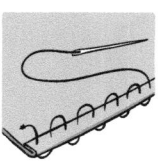

kushona

šít

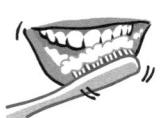

piga mswaki

čistit si zuby

kuua

zabít

moshi

kouřit

kutuma

poslat

familia
rodina

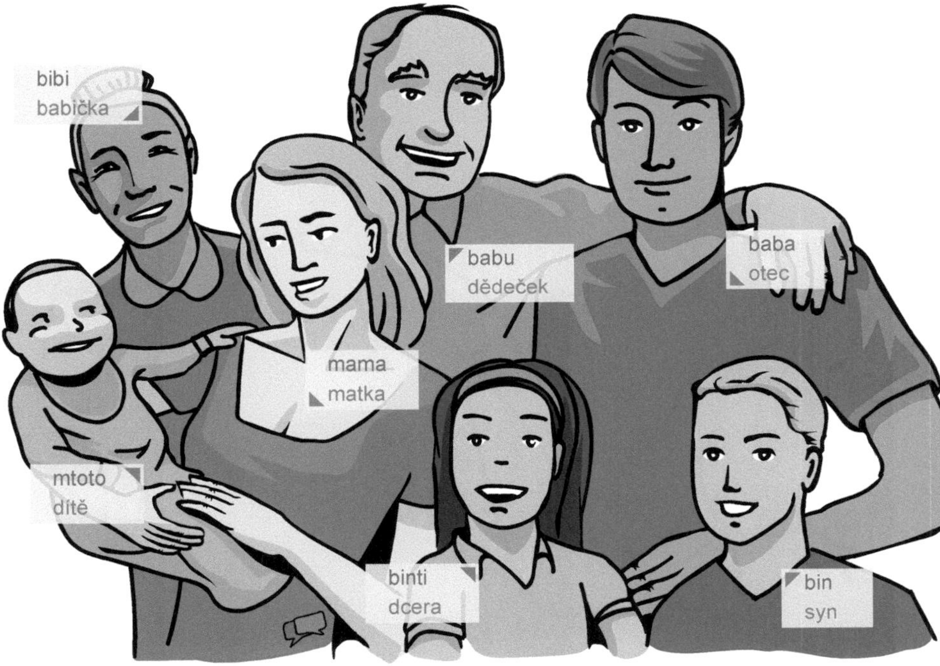
bibi
babička
babu
dědeček
baba
otec
mama
matka
mtoto
dítě
binti
dcera
bin
syn

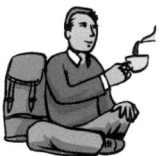

mgeni
host

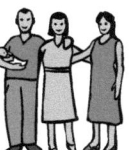

shangazi
teta

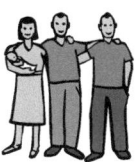

mjomba
strýc

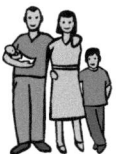

kaka
bratr

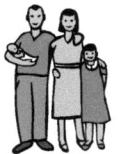

dada
sestra

mwili
tělo

paji la uso
čelo
jicho
oko
bega
rameno
kidole
prst
uso
obličej
kidevu
brada
mkono
ruka
mguu
dolní končetina
matiti
hruď
mkono
paže

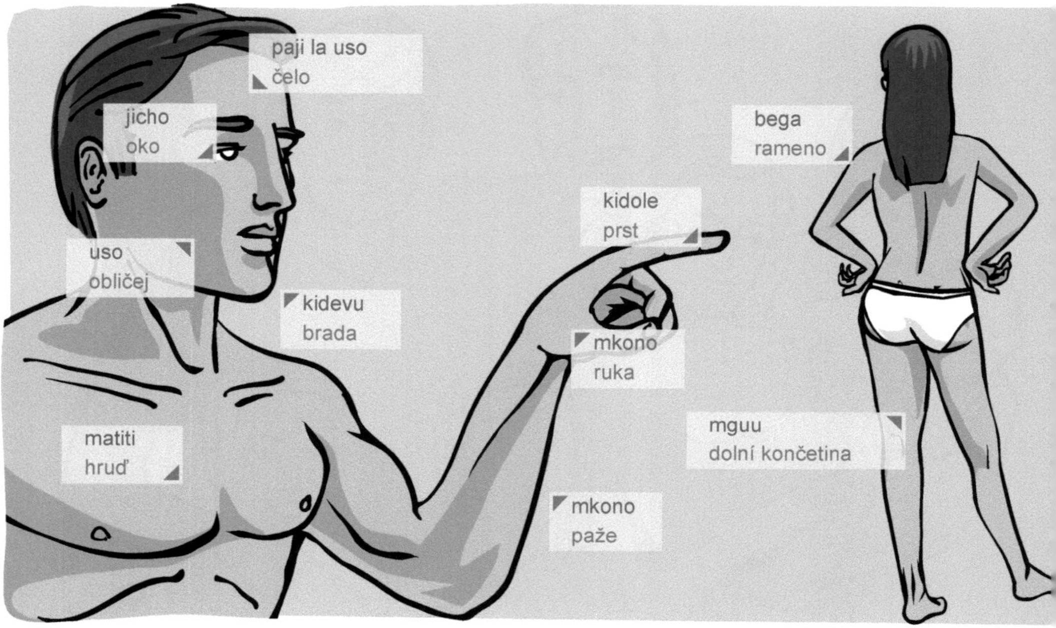

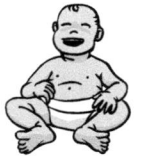

mtoto
dítě

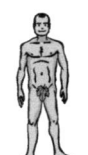

mwanamume
muž

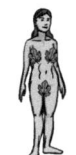

mwanamke
žena

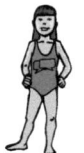

msichana
dívka

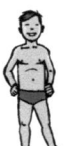

mvulana
chlapec

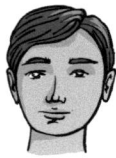

kichwa
hlava

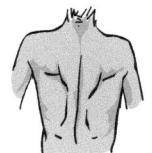

nyuma

záda

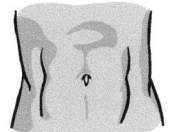

tumbo

břicho

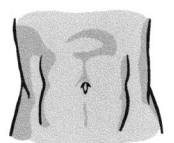

kitovu

pupík

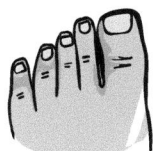

chano

prst na noze

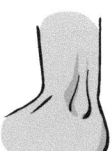

kisigino

pata

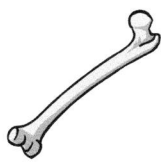

mfupa

kost

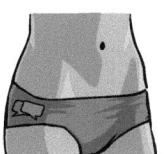

nyonga

bok

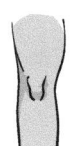

goti

koleno

kiwiko

loket

pua

nos

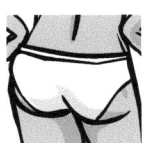

chini

zadek

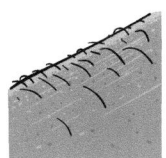

ngozi

kůže

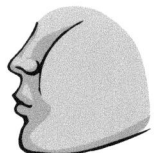

shavu

tvář

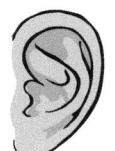

sikio

ucho

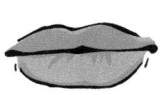

mdomo

ret

kinywa

ústa

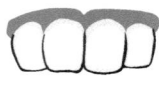

jino

zub

ulimi

jazyk

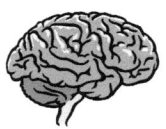

ubongo

mozek

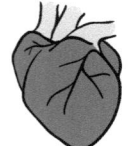

moyo

srdce

misuli

sval

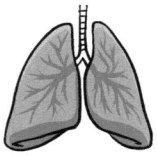

pafu

plíce

ini

játra

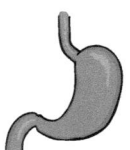

tumbo

žaludek

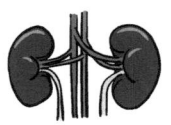

figo

ledviny

jinsia

pohlavní styk

kondomu

kondom

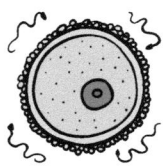

ovari

vajíčko

shahawa

sperma

mimba

těhotenství

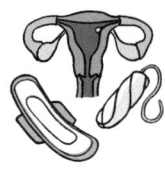

hedhi
....
menstruace

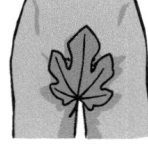

uke
....
vagina

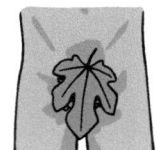

uume
....
penis

unyusi
....
obočí

nywele
....
vlasy

shingo
....
krk

hospitali

nemocnice

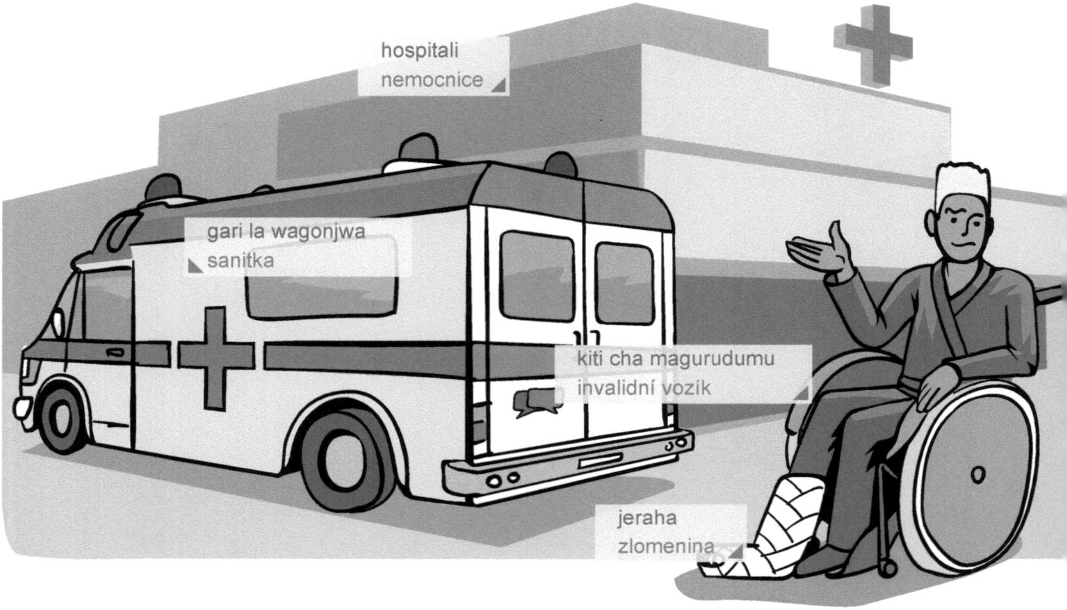

hospitali
nemocnice
gari la wagonjwa
sanitka
kiti cha magurudumu
invalidní vozík
jeraha
zlomenina

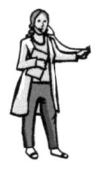

daktari

lékař

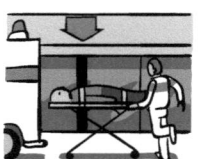

chumba cha dharura

pohotovost

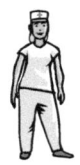

muuguzi

zdravotní sestra

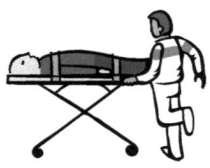

dharura

urgentní případ

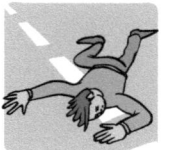

kupoteza fahamu

v bezvědomí

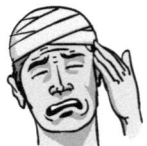

maumivu

bolest

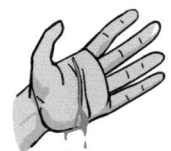

kuumia

úraz

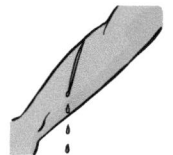

kutokwa na damu

krvácení

mshtuko wa moyo

infarkt myokardu

kiharusi

cévní mozková příhoda

mzio

alergie

kikohozi

kašel

homa

horečka

mafua

chřipka

kuharisha

průjem

maumivu ya kichwa

bolest hlavy

kansa

rakovina

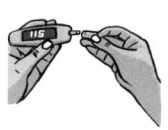

ugonjwa wa kisukari

cukrovka

daktari mpasuaji

chirurg

kisu kidogo cha kupasulia

skalpel

operesheni

operace

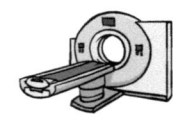

picha changanufu ya mwili

CT

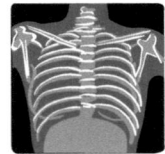

Eksrei

rentgen

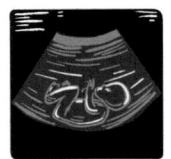

mawimbi sauti

ultrazvuk

barakoa ya uso

maska

ugonjwa

nemoc

chumba cha kusubiri

čekárna

mkongojo

berle

plasta

náplast

bendeji

obvaz

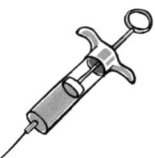

sindano

injekce

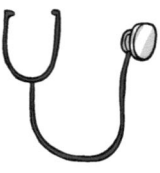

stetoskopu

stetoskop

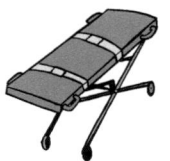

machela

nosítka

kipimajoto cha kliniki

teploměr

kuzaliwa

porod

unene kupita kiasi

nadváha

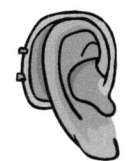

kusikia misaada

naslouchátko

kipukusi

dezinfekční prostředek

maambukizi

infekce

virusi

virus

VVU / UKIMWI

HIV / AIDS

dawa

lékařství

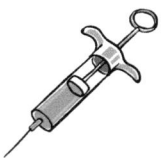

chanjo

očkování

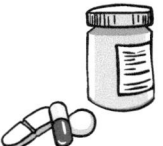

vidonge

tablety

kidonge

pilulka

simu ya dharura

tísňové volání

haemodainamometa

tonometr

mgonjwa / mwenye afya

nemocný / zdravý

kengele

poplach

pigo

přepadení

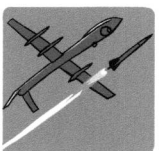

shambulizi

napadení

hatari

nebezpečí

lango la dharura

nouzový východ

Msaada!

Pomoc!

kizima moto

hasicí přístroj

ajali

nehoda

Moto!

Hoří!

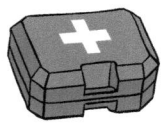

vifaa vya huduma ya kwanza

zdravotnická brašna

wito wa msaada

SOS

polisi

policie

Ulaya

Evropa

Amerika ya Kaskazini

Severní Amerika

Amerika ya Kusini

Jižní Amerika

Afrika

Afrika

Asia

Asie

Australia

Austrálie

Atlantiki

Atlantik

Pasifiki

Pacifik

Bahari ya Hindi

Indický oceán

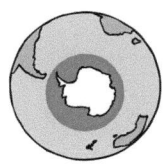

Bahari ya Antaktiki

Jižní ledový oceán

Bahari ya Aktiki

Severní ledový oceán

Ncha ya Kaskazini

severní pól

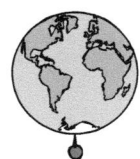

Ncha ya Kusini

jižní pól

Antaktika

Antarktida

dunia

země

nchi

pevnina

bahari

moře

kisiwa

ostrov

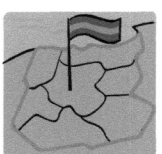

taifa

národ

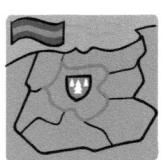

jimbo

stát

uso wa saa

ciferník

akrabu ya saa

hodinová ručička

akrabu ya dakika

minutová ručička

akrabu ya sekunde

vteřinová ručička

Ni saa ngapi?

Kolik je hodin?

siku

den

wakati

čas

sasa

teď

saa ya dijitali

digitální hodinky

dakika

minuta

saa

hodina

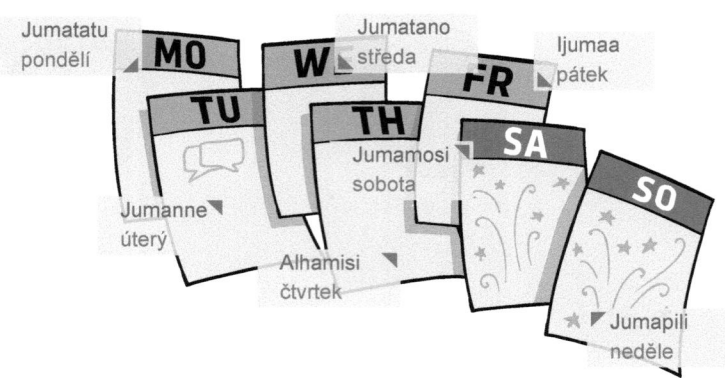

Jumatatu — pondělí
Jumatano — středa
Ijumaa — pátek
Jumanne — úterý
Jumamosi — sobota
Alhamisi — čtvrtek
Jumapili — neděle

jana
včera

leo
dnes

kesho
zítra

asubuhi
ráno

saa sita mchana
poledne

jioni
večer

MO	TU	WE	TH	FR	SA	SU
1	2	3	4	5	6	7
8	9	10	11	12	13	14
15	16	17	18	19	20	21
22	23	24	25	26	27	28
29	30	31	1	2	3	4

siku za biashara
pracovní dny

MO	TU	WE	TH	FR	SA	SU
1	2	3	4	5	6	7
8	9	10	11	12	13	14
15	16	17	18	19	20	21
22	23	24	25	26	27	28
29	30	31	1	2	3	4

mwishoni mwa wiki
víkend

mwaka
rok

mvua
déšť
upinde wa mvua
duha
theluji
sníh
upepo
vítr
majira ya machipuko
jaro
vuli
podzim
kiangazi
léto
majira ya baridi
zima

4.APRIL 11°
5.APRIL 4°
6.APRIL 13°
7.APRIL 8°
8.APRIL 10°

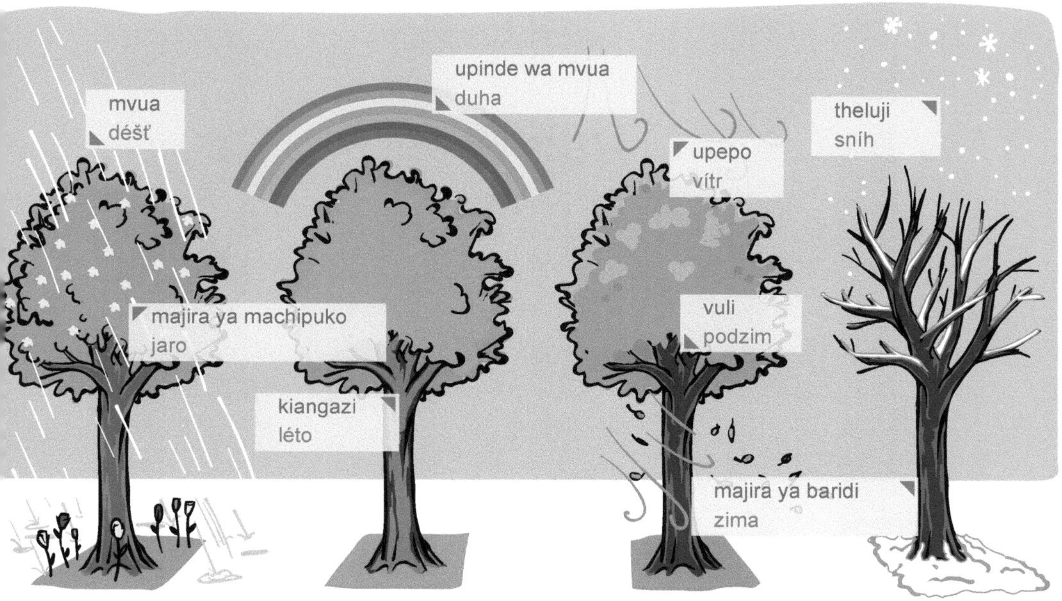

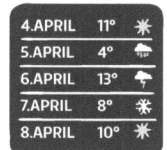

utabiri wa hali ya hewa

předpověď počasí

F C
120 90 60 30 0 -30
40 30 20 10 0 -10 -20

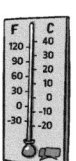

kipimajoto

teploměr

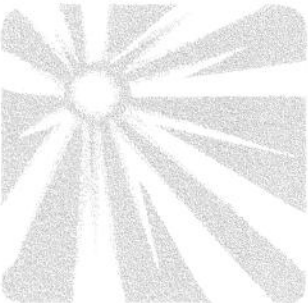

mwanga wa jua

sluneční svit

wingu

mrak

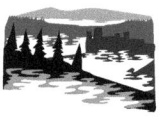

ukungu

mlha

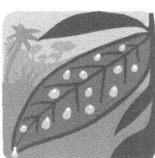

unyevu

vlhkost

umeme

blesk

radi

hrom

dhoruba

bouřka

mvua ya mawe

kroupy

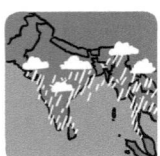

monsuni

monzun

mafuriko

povodeň

barafu

led

Januari

leden

Februari

únor

Machi

březen

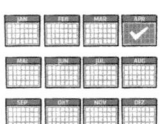

Aprili

duben

Mei

květen

Juni

červen

Julai

červenec

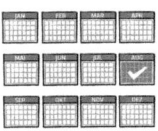

Agosti

srpen

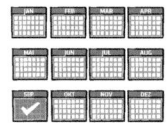

Septemba

září

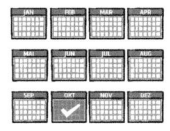

Oktoba

říjen

Novemba

listopad

Desemba

prosinec

maumbo
tvary

mduara

kruh

mraba

čtverec

mstatili

obdélník

pembetatu

trojúhelník

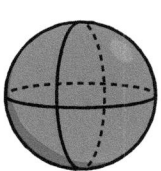

nyanja

koule

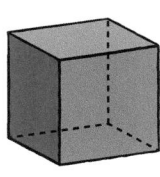

mchemraba

krychle

nyeupe

bílá

manjano

žlutá

chungwa

oranžová

rangi ya waridi

růžová

nyekundu

červená

hudhurungi

fialová

bluu

modrá

kijani

zelená

hanja

hnědá

jivujivu

šedá

nyeusi

černá

mengi / kidogo

hodně / málo

hasira / pole

rozzuřený / mírumilovný

nzuri / mbaya

krásný / ošklivý

mwanzo / mwisho

začátek / konec

kubwa / ndogo

velký / malý

angavu / giza

světlý / tmavý

kaka / dada

bratr / sestra

safi / chafu

čistý / špinavý

kamilika / tokamilika

úplný / neúplný

siku / usiku

den / noc

wafu / hai

mrtvý / živý

pana / nyembamba

široký / úzký

kulika / kutolika

jedlý / nejedlý

ovu / ema

zlý / hodný

sisimkwa / udhika

vzrušený / znuděný

nene / nyembamba

tlustý / hubený

kwanza / mwisho

nejdříve / naposledy

rafiki / adui

přítel / nepřítel

jaa / tupu

plný / prázdný

ngumu / laini

tvrdý / měkký

nzito / nyepesi

těžký / lehký

njaa / kiu

hlad / žízeň

mgonjwa / mwenye afya

nemocný / zdravý

haramu / kisheria

ilegální / legální

akili / kijinga

inteligentní / hloupý

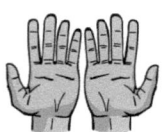

kushoto / kulia

vlevo / vpravo

karibu / mbali

blízko / daleko

mpya / kutumika

nový / použitý

kitu / jambo

nic / něco

zee / changa

starý / mladý

waka / zima

zapnutý / vypnutý

wazi / fungwa

otevřeno / zavřeno

utulivu / kelele

tichý / hlasitý

tajiri / masikini

bohatý / chudý

sahihi / kosa

správný / špatný

mbaya / laini

drsný / hladký

huzunika / furahia

smutný / šťastný

fupi /ndefu

krátký / dlouhý

polepole / haraka

pomalý / rychlý

nyevu / kavu

vlhký / suchý

joto / baridi

teplý / chladný

vita / amani

válka / mír

0

sufuri

nula

1

moja

jedna

2

mbili

dva

3

tatu

tři

4

nne

čtyři

5

tano

pět

6

sita

šest

7

saba

sedm

8

nane

osm

9

tisa

devět

10

kumi

deset

11

kumi na moja

jedenáct

12

kumi na mbili

dvanáct

13

kumi na tatu

třináct

14

kumi na nne

čtrnáct

15

kumi na tano

patnáct

16

kumi na sita

šestnáct

17

kumi na saba

sedmnáct

18

kumi na nane

osmnáct

19

kumi na tisa

devatenáct

20

ishirini

dvacet

100

mia

sto

1.000

elfu

tisíc

1.000.000

milioni

milion

Kiingereza

angličtina

Kiingereza cha Marekani

americká angličtina

Kimandarini cha Uchina

standardní čínština

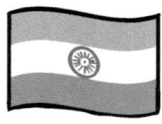

Kihindi

hindština

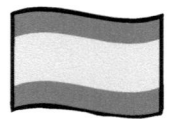

Kihispania

španělština

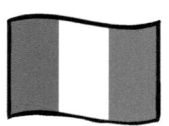

Kifaransa

francouzština

Kiarabu

arabština

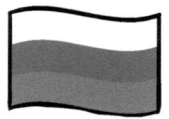

Kirusi

ruština

Kireno

portugalština

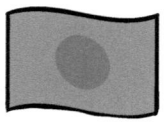

Kibengali

bengálština

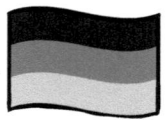

Kijerumani

němčina

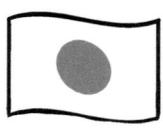

Kijapani

japonština

mimi

já

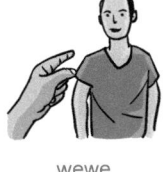

wewe

ty

yeye / yeye / ni

on / ona / ono

sisi

my

wewe

vy

wao

oni

nani?

Kdo?

nini?

Co?

jinsi gani?

Jak?

wapi?

Kde?

lini?

Kdy?

jina

jméno

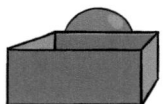

nyuma

za

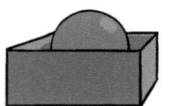

katika

do

mbele ya

z

juu ya

nad

kwenye

na

chini ya

mezi

kando

vedle

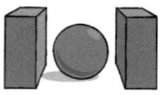

kati

mezi

mahali

místo